그 순간이 바로 읽기 능력이 한 단계 올라간 순간이란다.

읽기 능력이 올라가면 아주 멋진 세상이 펼쳐질 거야.

어려워 보였던 책도 쉽고 재미있게, 술술 읽을 수 있게 되지.

그렇게 책 속 세상을 마음껏 누리게 되면,

수많은 이야기와 지식을 만나서

넓은 마음과 깊은 생각을 가진 멋진 사람으로 자라게 된단다.

자, 준비됐지?

오늘부터 우리 함께 즐겁게 소리 내어 읽어 보자.

곱고 명랑한 목소리를 들려 주렴!

이다희 선생님이

이렇게 활용해요

읽은 날짜를 써요.

활동을 마친 뒤
내 사인을 해요.

50~100어절의
읽기 지문을 만나요.

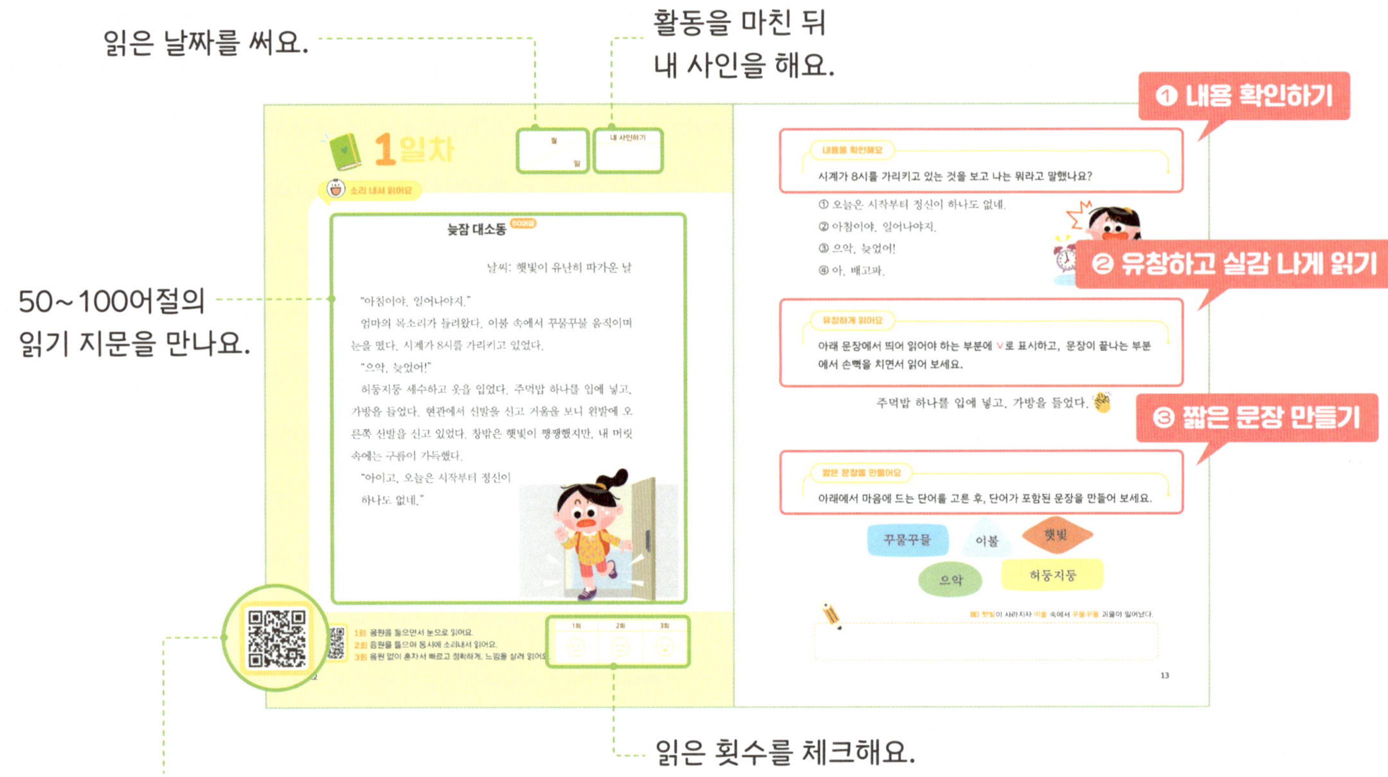

QR코드로 먼저 음성을 들어 보세요.
다 들은 후 또박또박 소리 내서 읽어 보세요.

읽은 횟수를 체크해요.

즐거운 읽기를 위한 똑똑지미쌤의 꿀팁

글자를 눈으로만 읽기보다는 QR코드로 음원을 먼저 들어 보세요. 혼자 읽고 끝내는 것이 아니라, QR코드로 음원을 듣고 안내된 순서에 따라 읽는 것이 좋아요.

1회 QR코드로 음원을 들으면서 눈으로 읽어 보세요.

2회 QR코드의 음원을 들으며 동시에 소리 내서 읽어 보세요.

3회 QR코드의 음원 없이 혼자서 빠르고 정확하게, 느낌을 살려 읽어 보세요.

똑똑하게 소리 내어 읽는 문해력

1 생활문

이다희(똑똑지미쌤) 지음

서사원주니어

어린이 친구들에게

안녕?

나는 어린이들의 곱고 명랑한 목소리를 좋아하는 이다희 선생님이라고 해.

오늘부터 우리는 매일 한 편씩 짧은 글을 소리 내서 읽는 연습을 할 거야.

어른들은 흉내 낼 수 없는 어린이만의 고운 목소리로 말이야.

글은 눈으로 읽어도 되는데, 왜 꼭 소리 내서 읽으라고 하는지 궁금하지?

이유를 알려 줄게.

소리 내서 글을 읽는 시간이 어린이들의 읽기 능력을 쑥 끌어올려 주기 때문이야.

눈으로만 읽을 때와는 비교할 수 없을 정도로 대단한 읽기 능력이 생긴단다.

처음에는 소리 내서 읽는 것이 어색해서 더듬더듬 읽다가

'아휴, 힘들어.' 하고 한숨을 쉴 수도 있어.

하지만 하루에 10분씩 매일 꾸준히 연습하다 보면

어느 순간 글 한 편을 자신 있고 실감 나게 읽게 될 거야.

일기글 지문과 긍정 확언 지문은 50어절로 시작해 100어절로 조금씩 분량이 늘어나요.(본문 기준) 매일매일 읽다 보면 어느새 긴 글도 거뜬히 읽어낼 수 있을 거예요. 부모님과 선생님께서는 빨리 읽으라고 재촉하거나 읽다가 틀렸을 때 바로 끊고 고쳐 주기보다는 아이 스스로 읽고 실력을 체크할 수 있도록 도와주세요.

읽은 후 활동

❶ 내용 확인하기 지문을 소리 내어 읽은 후, 내용을 잘 이해했는지 간단한 문제를 풀며 확인해요. 글 속에 힌트가 숨어 있으니, 답이 헷갈린다면 다시 한 번 읽어 보세요.

❷ 유창하고 실감 나게 읽기 문장을 보다 매끄럽고 생생하게 읽는 연습을 해요.
[유창하게 읽기] 띄어 읽어야 할 곳에 V 표시를 해 보세요. 알맞은 곳에서 잠시 쉬었다가 읽어야 자연스럽게 읽을 수 있어요. 문장이 끝나는 부분에서는 손뼉을 쳐서 다음 문장을 읽기 전에 시간을 확보해요.
[실감 나게 읽기] 제시된 미션대로 목소리의 크기와 톤, 표정까지 조절하며 읽어 보세요. 예를 들어 '뿌듯하다는 듯이'라는 미션에는 뿌듯한 표정에 자신감 있는 목소리, '속상하다는 듯이'라는 미션에는 속상한 표정에 시무룩한 목소리로 읽는 거예요.

❸ 짧은 문장 만들기 본문 속에 나온 단어들로 짧은 문장을 만들어 봐요. 단어 2개, 3개, 4개, 혹은 5개를 모두 사용해서 만들어도 좋아요. 엉뚱하고 말이 되지 않는 내용이라도 괜찮아요. 단어들을 이리저리 연결하다 보면, 세상에 하나뿐인 아주 재미있는 이야기가 탄생할지도 몰라요!

차례

나의 읽기 유창성 실력 알아보기 — 9

1장 일기

1일차 늦잠 대소동 50어절 — 12
2일차 창틀에 걸린 양말 스무 켤레 57어절 — 14
3일차 번개처럼 달렸지만… 68어절 — 16
4일차 인생 최고의 김치볶음밥 78어절 — 18
5일차 삼국지 속으로 풍덩 83어절 — 20
6일차 물과 친해질 거야 83어절 — 22
7일차 오늘은 내가 주인공 84어절 — 26
8일차 캠핑장에서의 잊지 못할 하루 87어절 — 30
9일차 와글와글 시장 탐험 88어절 — 28
10일차 엄마, 생신 축하해요! 88어절 — 24
11일차 초코야, 빨리 나으렴 88어절 — 32
12일차 산 정상에 올라 보니 91어절 — 34
13일차 롤러코스터를 타고 슝! 94어절 — 36
14일차 달려라! 도서관으로 100어절 — 38
15일차 안녕? 귀여운 눈사람 100어절 — 40

똑똑지미쌤의 비밀 노트 ❶ 이렇게 하면 일기 쓰기가 술술! — 42

2장 긍정 확언

16일차	나는 나를 믿습니다 `67어절`	48
17일차	나는 새로운 것을 배우는 것을 좋아합니다 `68어절`	62
18일차	나는 어려운 일에도 일단 도전합니다 `69어절`	50
19일차	나는 나를 자랑스럽게 생각합니다 `730어절`	54
20일차	나는 스스로 노력하여 배웁니다 `74어절`	52
21일차	오늘도 좋은 일이 가득한 하루입니다 `77어절`	56
22일차	나는 충분히 똑똑합니다 `80어절`	58
23일차	나는 친구들과 협동합니다 `80어절`	64
24일차	내 안에는 놀라운 능력이 자라고 있습니다 `81어절`	60
25일차	나는 보호받고 사랑받는 아이입니다 `86어절`	68
26일차	나는 실수해도 나를 응원해 줍니다 `87어절`	70
27일차	나에게는 꿈을 이룰 수 있는 힘이 있습니다 `88어절`	66
28일차	나는 사람들에게 도움이 되는 멋진 아이입니다 `90어절`	74
29일차	나는 친구들을 좋아하고, 친구들도 나를 좋아합니다 `100어절`	72
30일차	나는 해야 할 일을 미루지 않습니다 `100어절`	76

| **똑똑지미쌤의 비밀 노트 ❷** 나를 단단하게 만드는 긍정 확언 챌린지 | 78 |

| **읽기 유창성 역량 평가** | 82 |
| **정답** | 84 |

읽기 유창성이란?

'글을 정확하고, **빠르게**, 그리고 적절한 표현력을 담아 읽는 능력'을 말합니다.

읽기 유창성이 부족한 아이는 글자를 해독하는 데 뇌의 자원을 많이 쓰게 돼요. 글자를 정확하게 소리 내더라도, 떠듬떠듬 힘들게 읽는 모습을 보이지요. 이럴 경우 글을 다 읽고 나서도 글의 내용을 파악하지 못합니다.

반면 읽기 유창성이 우수한 아이는 글 읽기 과정이 자동화되어 있어요. 따라서 뇌의 자원을 글자 해독이 아닌 내용 파악에 사용할 수 있어 글에 대한 이해도가 높아집니다.

참고자료: 〈읽기 자신감 세트〉(정재석 외, 좋은교사)

읽기 유창성 실력 알아보는 방법

1. 아이에게 글을 주고, 1분 동안 정확하고 빠르게 소리 내어 읽게 합니다.

2. 아이가 첫 어절을 읽는 것과 동시에 초시계를 누릅니다.

3. 아이가 글을 읽을 동안, 잘못 읽은 어절을 세어 봅니다.

4. 1분이 되면 아이에게 그만 읽으라고 말하고, 마지막으로 읽은 부분에 표시합니다.

5. 정확하게 읽은 어절 수를 확인합니다.

＊ 계산 방법 : (정확하게 읽은 어절 수)

= (1분 동안 읽으려고 시도한 총 어절 수) − (잘못 읽은 어절 수)

		1학년 말	2학년 말	3학년 말
😊	1단계	48~57어절	57~69어절	64~76어절
😊	2단계	58~69어절	70~76어절	77~84어절
😆	3단계	70어절 이상	77어절 이상	85어절 이상

1단계를 통과하지 못했다면 보다 집중적인 읽기 연습이 필요해요.

1단계 조금 더 노력이 필요해요. 매일 소리 내어 읽는 연습을 해 보세요.

2단계 기본적인 읽기 능력을 갖춘 상태예요. 문맥에 맞게 자연스럽게 읽는 연습을 해 보세요.

3단계 또래 대비 읽기 유창성이 우수해요. 글의 의미를 이해하며 읽는 연습을 해 보세요.

나의 읽기 유창성 실력 알아보기

아래 글을 1분 동안 정확하고 빠르게 소리 내어 읽어 보세요.

우리 가족은 언제나 나를 응원합니다 `100어절`

　유진이는 운동회에서 달리기 시합에 나갔어요. 출발선에 서니 심장이 콩콩 뛰고 다리가 떨렸지요. 출발 신호가 울리자, 유진이는 힘껏 달렸어요. 꼭 1등을 하고 싶었으니까요.

　하지만 출발하자마자 유진이를 앞선 친구들이 두 명이나 있었어요. 유진이는 점점 뒤처졌어요. '그냥 포기하고 천천히 뛸까?' 그 순간 운동장 한쪽에서 들려오는 목소리가 있었어요. "유진아, 힘내! 끝까지 최선을 다하는 사람이 진정한 승자야." 엄마, 아빠의 목소리였어요. 동생도 두 손을 흔들며 유진이를 부르고 있었어요. 온 가족의 응원이 느껴졌지요. 따뜻한 눈빛과 다정한 목소리에 힘이 솟아난 유진이는 다시 힘껏 달렸어요.

　원하던 결과를 얻지는 못했지만, 아쉽지 않았어요. 가족의 응원이 세상에서 가장 큰 상이라는 생각이 들었기 때문이에요. 유진이는 가족을 바라보며 생각했어요. "우리 가족은 언제나 나를 응원합니다."

1분 동안 정확하게 읽은 어절을 센 후, 8쪽의 표를 보고 진단해 보세요.

(읽으려고 시도한 어절 수 ☐ 개) − (잘못 읽은 어절 수 ☐ 개)

= 총 ☐ 개

앞으로 만나게 될 일기글에는 친구들이 겪은 생생하고 재미있는 하루가 가득 담겨 있어. QR코드로 음원을 들으며 일기 속 주인공이 된 것처럼 실감 나게 읽어 보자. 일기를 술술 잘 쓰게 되는 방법도 놓치지 마!

1

일기

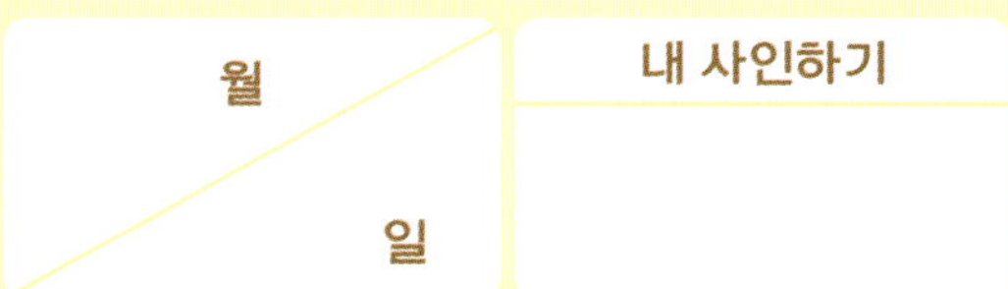

늦잠 대소동 50어절

날씨: 햇빛이 유난히 따가운 날

"아침이야. 일어나야지."

엄마의 목소리가 들려왔다. 이불 속에서 꾸물꾸물 움직이며 눈을 떴다. 시계가 8시를 가리키고 있었다.

"으악, 늦었어!"

허둥지둥 세수하고 옷을 입었다. 주먹밥 하나를 입에 넣고, 가방을 들었다. 현관에서 신발을 신고 거울을 보니 왼발에 오른쪽 신발을 신고 있었다. 창밖은 햇빛이 쨍쨍했지만, 내 머릿속에는 구름이 가득했다.

"아이고, 오늘은 시작부터 정신이 하나도 없네."

1회 음원을 들으면서 눈으로 읽어요.
2회 음원을 들으며 동시에 소리 내서 읽어요.
3회 음원 없이 혼자서 빠르고 정확하게, 느낌을 살려 읽어요.

1회	2회	3회
☺	☺	☺

시계가 8시를 가리키고 있는 것을 보고 나는 뭐라고 말했나요?

① 오늘은 시작부터 정신이 하나도 없네.

② 아침이야. 일어나야지.

③ 으악, 늦었어!

④ 아, 배고파.

아래 문장에서 띄어 읽어야 하는 부분에 ∨로 표시하고, 문장이 끝나는 부분에서 손뼉을 치면서 읽어 보세요.

주먹밥 하나를 입에 넣고, 가방을 들었다. 👏

아래에서 마음에 드는 단어를 고른 후, 단어가 포함된 문장을 만들어 보세요.

(예) 햇빛이 사라지자 이불 속에서 꾸물꾸물 괴물이 일어났다.

2일차

창틀에 걸린 양말 스무 켤레 
57어절

날씨: 양말이 몽땅 젖을 정도로 비가 내린 날

아침부터 비가 주룩주룩 내렸다. 노란 우산을 들고 장화를 신고 집을 나섰다. 학교로 열심히 걸어가고 있는데, 갑자기 바람이 불어서 우산이 뒤집혔다. 등굣길에 만난 친구들의 우산도 뒤집혔다. 친구들과 나는 뒤집힌 우산을 보며 깔깔 웃었다.

학교에 도착해 신발을 벗었더니 양말이 축축하게 젖어 있었다. 선생님께서는 양말을 벗어서 창틀에 걸고 말리라고 말씀하셨다. 창틀에 양말 스무 켤레가 걸렸다. 창틀을 쳐다볼 때마다 웃음이 났다.

1회 음원을 들으면서 눈으로 읽어요.
2회 음원을 들으며 동시에 소리 내서 읽어요.
3회 음원 없이 혼자서 빠르고 정확하게, 느낌을 살려 읽어요.

1회	2회	3회
☺	☺	☺

우산이 뒤집혔을 때, 나는 어떤 반응을 보였나요?

① 짜증을 냈다.

② 깜짝 놀라 소리를 질렀다.

③ 뒤집힌 우산을 쓰고 걸어갔다.

④ 친구들과 깔깔 웃었다.

아래의 문장을 실감 나게 읽어 보세요.

재미있다는 듯이

친구들과 나는 뒤집힌 우산을 보며 깔깔 웃었다.

아래에서 마음에 드는 단어를 고른 후, 단어가 포함된 문장을 만들어 보세요.

예) 우산으로 장난을 치다가 선생님께 혼나서 눈물이 주룩주룩 났어.

3일차

번개처럼 달렸지만… 68어절

날씨: 땀방울이 마르지 않던 날

학교에서 우리 반 친구들과 달리기 시합을 했다. 운동회 종목 중 계주가 있어서 반 대표 선수를 미리 뽑아야 하기 때문이다.

출발선에 서자 심장이 쿵쾅쿵쾅 뛰었다. 선생님의 호루라기 소리에 맞추어 번개처럼 달렸다. 지혁이가 가장 앞서 달렸다. 나는 지혁이를 따라잡기 위해 온 힘을 다해 달렸다. 지혁이가 너무 빨라서 따라잡기 힘들었지만, 끝까지 포기하지 않았다.

나는 아쉽게도 아슬아슬하게 1등을 놓쳤다. 선생님께서는 모두 최선을 다했다며 칭찬해 주셨다. 그래도 마음속에 아쉬움이 남아 자꾸 한숨이 나왔다.

1회 음원을 들으면서 눈으로 읽어요.
2회 음원을 들으며 동시에 소리 내서 읽어요.
3회 음원 없이 혼자서 빠르고 정확하게, 느낌을 살려 읽어요.

1회	2회	3회

1등을 놓친 나는 어떤 기분이 들었나요?

① 심장이 쿵쾅쿵쾅 뛰었다.

② 아쉬워서 자꾸 한숨이 나왔다.

③ 괜히 열심히 했다는 생각이 들었다.

④ 슬퍼서 눈물이 났다.

아래 문장에서 띄어 읽어야 하는 부분에 ∨로 표시하고, 문장이 끝나는 부분에서 손뼉을 치면서 읽어 보세요.

지혁이가 너무 빨라서 따라잡기 힘들었지만,

끝까지 포기하지 않았다.

아래에서 마음에 드는 단어를 고른 후, 단어가 포함된 문장을 만들어 보세요.

예) 아빠의 **한숨**에 가슴이 **달리기**할 때처럼 **쿵쾅쿵쾅** 두근거렸다.

인생 최고의 김치볶음밥 780어절

날씨: 구름이 해를 삼킨 날

아빠와 김치볶음밥을 만들었다. 내가 요리사 역할을 맡았고, 아빠는 요리사를 돕는 보조 역할을 했다.

아빠가 프라이팬에 기름을 두르고 잘게 썬 김치를 넣으셨다. 나는 큰 숟가락으로 김치를 볶았고, 밥을 넣은 뒤 또 볶았다. 김치볶음밥이 완성되어 가는 지글지글 소리에 기분이 좋았다. 팔이 아팠지만 아빠가 옆에서 도와주셔서 잘 볶아졌다. 마지막으로 달걀프라이를 구워 김치볶음밥 위에 올렸다.

한 입 먹었더니, 식당에서 파는 김치볶음밥과 다를 게 없을 정도로 맛있었다. 아빠도 엄지를 치켜세우며 "최고야!"라고 하셨다. 태어나서 처음으로 만든 김치볶음밥이 이렇게 맛있다니! 나는 요리에 소질이 있나 보다.

1회 음원을 들으면서 눈으로 읽어요.
2회 음원을 들으며 동시에 소리 내서 읽어요.
3회 음원 없이 혼자서 빠르고 정확하게, 느낌을 살려 읽어요.

1회	2회	3회
☺	☺	☺

김치와 밥을 볶은 사람은 누구인가요?

① 아빠

② 엄마

③ 나

④ 동생

아래의 문장을 실감 나게 읽어 보세요.

자랑스럽다는 듯이

태어나서 처음으로 만든 김치볶음밥이 이렇게 맛있다니!

아래에서 마음에 드는 단어를 고른 후, 단어가 포함된 문장을 만들어 보세요.

예) 지글지글 더운 날, 아빠가 아이스크림을 사 주셨다.

삼국지 속으로 풍덩 83어절

날씨: 햇볕이 따끈따끈

아침 독서 시간에 삼국지라는 책을 읽었다. 유비, 관우, 장비 등의 영웅들이 나라를 세우고 영토를 넓혀 가는 이야기였다. 무술을 잘하는 영웅들이 많이 등장했는데, 혼자서 수십 명을 상대로 이기는 영웅도 있었다. 그 장면은 지금 다시 떠올려도 짜릿하다.

사실 나는 무술을 직접 하는 것은 별로 좋아하지 않는다. 내가 만약 삼국지 속으로 들어간다면 창을 휘두르는 영웅보다는 머리를 잘 써서 이기는 영웅 역할을 맡고 싶다.

독서 시간이 끝나자, 선생님께서 읽은 책에 대해 발표해 보라고 하셨다. 용기 내어 발표했더니 친구들이 삼국지 책을 빌려 달라고 했다. 친구들이 관심을 보이니 기분이 좋았다.

1회 음원을 들으면서 눈으로 읽어요.
2회 음원을 들으며 동시에 소리 내서 읽어요.
3회 음원 없이 혼자서 빠르고 정확하게, 느낌을 살려 읽어요.

1회	2회	3회
☺	☺	☺

독서 시간이 끝난 후 무엇을 했나요?

① 읽은 책에 대해 발표했다.

② 무술 연습을 했다.

③ 친구들과 놀았다.

④ 화장실에 다녀왔다.

아래 문장에서 띄어 읽어야 하는 부분에 ∨로 표시하고, 문장이 끝나는 부분에서 손뼉을 치면서 읽어 보세요.

독서 시간이 끝나자, 선생님께서 읽은 책에 대해
발표해 보라고 하셨다.

아래에서 마음에 드는 단어를 고른 후, 단어가 포함된 문장을 만들어 보세요.

예) 영웅은 아침부터 독서 대신 공중회전을 연습했다.

물과 친해질 거야 83어절

날씨: 비가 올 듯 말 듯 흐린 날

처음으로 수영 수업을 받았다. 첫날의 미션은 '물과 친해지기'였다. 수영 선생님께서는 물과 친해지기 위해서는 물을 무서워하면 안 된다고 말씀하셨다. 수영장에는 늘 선생님이 있으니 두려워하지 말라고 하셔서 힘이 났다.

사실 처음에는 겁이 나서 물속에 가만히 서 있기만 하다가, 용기를 내 발차기 연습을 했다. 물이 사방으로 첨벙첨벙 튀어 얼굴이 젖었지만 웃음이 나왔다. 친구들과 다 같이 발차기를 하니 수영장에 파도가 치는 것 같았다. 선생님은 "잘하고 있어!"라고 칭찬해 주셨다.

처음에는 두려웠지만, 이제는 물과 친해진 것 같아 자신감이 생겼다. 다음 수업 시간에는 왠지 더 잘할 수 있을 것 같다.

1회 음원을 들으면서 눈으로 읽어요.
2회 음원을 들으며 동시에 소리 내서 읽어요.
3회 음원 없이 혼자서 빠르고 정확하게, 느낌을 살려 읽어요.

1회	2회	3회
☺	😊	😀

수영 수업을 마치고 어떤 마음이 들었나요?

① 자신감이 생겼다.

② 물이 무서웠다.

③ 지루했다.

④ 수영을 배우기 싫었다.

아래의 문장을 실감 나게 읽어 보세요.

뿌듯하다는 듯이

처음에는 두려웠지만, 이제는 물과 친해진 것 같아 자신감이 생겼다.

아래에서 마음에 드는 단어를 고른 후, 단어가 포함된 문장을 만들어 보세요.

예) 수영을 못하는 고양이가 튜브를 끼고 파도를 탔다.

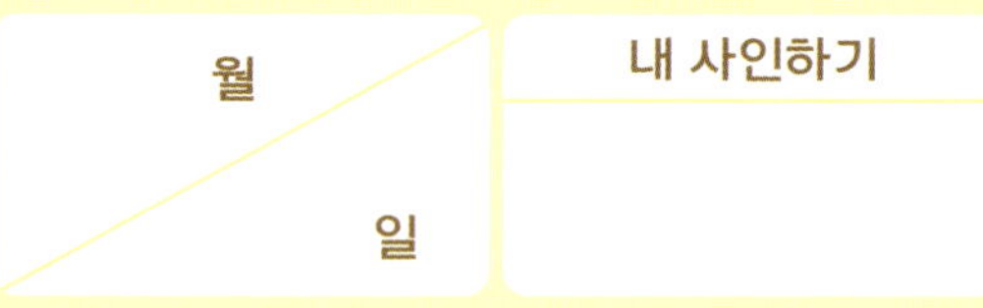

오늘은 내가 주인공 `84어절`

날씨: 햇살도 반짝, 마음도 반짝

기다리고 기다리던 내 생일이다.

"생일 축하해!"

아침에 눈을 뜨자마자 엄마, 아빠의 목소리가 들렸다. 잠이 덜 깬 상태였지만, 밝은 목소리에 기분이 좋아졌다. 식탁 위에는 내가 제일 좋아하는 미역국과 계란말이가 놓여 있었다. 아침밥을 맛있게 먹은 뒤 '이게 바로 생일의 맛이지!'라고 말했더니 엄마가 깔깔 웃으셨다.

저녁이 되자 가족이 다 함께 모여 케이크를 꺼냈다. 촛불이 반짝이며 흔들렸다. 나는 촛불을 불고 소원을 빌었다. 아빠가 책상 밑에서 선물을 꺼내 주셨다. 내가 갖고 싶어 하던 과학 실험 키트였다. 상자를 열자마자 마음이 두근두근 뛰었다. 오늘만큼은 세상에서 가장 특별한 아이가 된 것 같았다.

1회 음원을 들으면서 눈으로 읽어요.
2회 음원을 들으며 동시에 소리 내서 읽어요.
3회 음원 없이 혼자서 빠르고 정확하게, 느낌을 살려 읽어요.

1회	2회	3회
☺	☺	☺

내가 받은 생일 선물은 무엇인가요?

① 인형

② 보드게임

③ 과학 실험 키트

④ 축구공

아래의 문장을 실감 나게 읽어 보세요.

신난 듯이

아침밥을 맛있게 먹은 뒤 '이게 바로 생일의 맛이지!'라고
말했더니 엄마가 깔깔 웃으셨다.

아래에서 마음에 드는 단어를 고른 후, 단어가 포함된 문장을 만들어 보세요.

예) **두근두근** 떨렸지만 큰 **목소리**로 **소원**을 말했어요.

8일차

캠핑장에서의 잊지 못할 하루 (87어절)

날씨: 솔바람이 솔솔

　오랜만에 캠핑장에 갔다. 이번 캠핑장은 산 깊숙한 곳에 있었다. 우리 가족은 힘을 합해 텐트를 쳤고, 보라색 텐트가 나무 아래에 멋지게 완성되었다. 깊은 산속에 우리 가족만의 집이 생긴 것 같아 기분이 좋았다.

　저녁밥으로 삼겹살을 구워 먹었다. 이상하게도 캠핑장에서 먹는 삼겹살은 평소보다 열 배는 더 맛있다. 식사를 마친 뒤 아빠는 장작을 쌓아 모닥불을 피우셨다. 불이 잘 붙지 않아 작은 나뭇가지를 주워 넣자 금세 활활 타올랐다. 타닥타닥 소리를 내며 타오르는 불을 바라보고 있으니, 마음이 편안해졌다. 우리는 모닥불 앞에 모여 앉아 끝말잇기도 하고, 마시멜로도 노릇노릇하게 구워 먹었다. 웃음이 끊이지 않던 하루였다.

1회 음원을 들으면서 눈으로 읽어요.
2회 음원을 들으며 동시에 소리 내서 읽어요.
3회 음원 없이 혼자서 빠르고 정확하게, 느낌을 살려 읽어요.

1회	2회	3회
☺	☺	☺

캠핑장에서 저녁밥으로 먹은 음식은 무엇인가요?

① 김밥

② 삼겹살

③ 피자

④ 비빔밥

아래 문장에서 띄어 읽어야 하는 부분에 V로 표시하고, 문장이 끝나는 부분에서 손뼉을 치면서 읽어 보세요.

우리는 모닥불 앞에 모여 앉아 끝말잇기도 하고,

마시멜로도 노릇노릇하게 구워 먹었다.

아래에서 마음에 드는 단어를 고른 후, 단어가 포함된 문장을 만들어 보세요.

예) 모닥불에 마시멜로를 노릇노릇 구워 먹으니 웃음이 터졌다.

와글와글 시장 탐험 88어절

날씨: 바람에 나뭇잎이 흔들흔들

엄마를 따라 시장에 갔다. 시장 입구에 들어서자, "오늘 잡은 생선이요!"라고 우렁차게 외치는 생선 가게 아저씨의 목소리가 들렸다. "달콤한 과일 싸요. 한 번 먹어 봐요!"라고 말하는 과일 가게 아주머니의 목소리도 들려왔다.

시장은 언제나 활기가 넘친다. 그래서 나는 마트보다 시장이 좋다. 생선 가게 앞을 지나는데 커다란 통에 담긴 물고기가 펄쩍 뛰어올랐다. 그 물고기를 구경하다가 생선 가게에 있는 싱싱한 고등어도 한 마리 샀다.

엄마와 나는 시장 구석구석을 살펴보며 필요한 물건들을 장바구니에 가득 담았다. 마지막으로 떡집에 들렀는데, 떡집 아주머니가 쫄깃한 인절미를 하나 주셨다.
고소한 맛이 입안 가득 퍼졌다. 시장은
언제 와도 즐겁다.

1회 음원을 들으면서 눈으로 읽어요.
2회 음원을 들으며 동시에 소리 내서 읽어요.
3회 음원 없이 혼자서 빠르고 정확하게, 느낌을 살려 읽어요.

1회	2회	3회
☺	😊	😆

시장에서 마지막으로 들른 곳은 어디인가요?

① 생선 가게

② 채소 가게

③ 떡집

④ 과일 가게

아래의 문장을 실감 나게 읽어 보세요.

깜짝 놀란 듯이

생선 가게 앞을 지나는데 커다란 통에 담긴 물고기가 펄쩍 뛰어올랐다.

아래에서 마음에 드는 단어를 고른 후, 단어가 포함된 문장을 만들어 보세요.

예) 다같이 인절미를 나눠 먹으니 집안에 활기가 생겼어요.

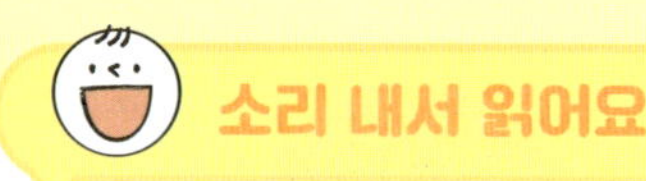

엄마, 생신 축하해요! 88어절

날씨: 햇살이 가득한 날

사랑하는 우리 엄마의 생신이다. 아빠와 나는 몰래 꽃다발과 케이크를 준비했다. 엄마는 내가 쓴 편지를 좋아하지만, 나는 편지를 자주 쓰지 않는다. 쑥스럽기 때문이다. 하지만 오늘은 엄마의 생신이니 편지도 준비했다.

우리는 식탁에 모여 앉았다. 케이크에 엄마의 나이만큼 촛불을 꽂았다. 그런데 엄마가 촛불은 두 개만 꽂자고 하셨다. 엄마는 스무 살의 마음으로 젊게 살고 싶다고 하셨다. 아빠와 나는 큰 소리로 생일 축하 노래를 불렀고, 엄마는 환하게 웃으며 촛불 두 개를 '후' 하고 불었다.

엄마는 꽃다발과 편지를 받고 행복하게 웃으셨다. 엄마가 웃으니 내 마음도 환해졌다. 엄마의 생신이었지만 마치 내 생일처럼 기분 좋은 날이었다.

1회 음원을 들으면서 눈으로 읽어요.
2회 음원을 들으며 동시에 소리 내서 읽어요.
3회 음원 없이 혼자서 빠르고 정확하게, 느낌을 살려 읽어요.

1회	2회	3회
☺	☺	☺

내가 엄마에게 편지를 자주 쓰지 않는 이유는 무엇인가요?

① 글자를 잘 몰라서

② 시간이 없어서

③ 엄마가 편지를 안 좋아해서

④ 쑥스러워서

아래 문장에서 띄어 읽어야 하는 부분에 ∨로 표시하고, 문장이 끝나는 부분
에서 손뼉을 치면서 읽어 보세요.

엄마는 내가 쓴 편지를 좋아하지만,

나는 편지를 자주 쓰지 않는다.

아래에서 마음에 드는 단어를 고른 후, 단어가 포함된 문장을 만들어 보세요.

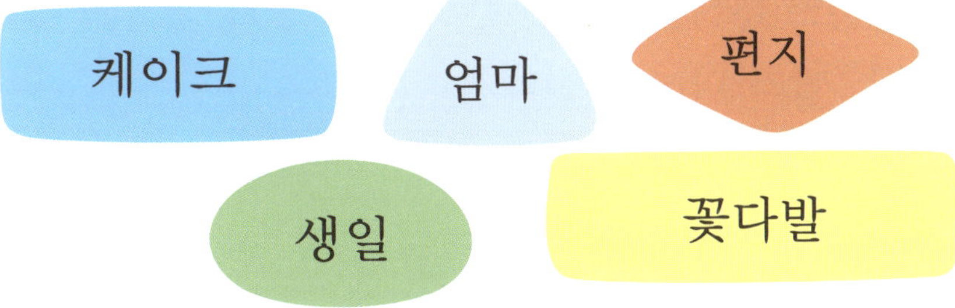

예) **엄마**가 산타 할아버지에게 **편지**를 받았다고 하셨다.

초코야, 빨리 나으렴 `88어절`

날씨: 바람이 간질간질

우리 강아지 초코가 며칠째 밥을 잘 먹지 못했다. 오늘 아침에는 기운이 하나도 없어 보였다. 꼬리를 살랑살랑 흔들지도 않고, 사료 앞에서도 고개를 푹 숙이고 있었다. 초코의 이런 모습은 한 번도 본 적이 없기 때문에 나는 깜짝 놀라 소리쳤다.

"엄마! 초코가 이상해요."

엄마와 나는 초코를 안고 동물병원으로 갔다. 의사 선생님은 초코가 배탈이 나서 속이 안 좋은 것 같다고 하셨다. 진료가 끝나고 초코는 주사를 맞았다. 주사를 맞을 때 초코는 몸을 움찔하며 '끼!' 소리를 냈지만 금세 얌전히 있었다. 의사 선생님이 초코를 칭찬하셨다. 마치 내가 칭찬받은 것처럼 뿌듯했다.

"초코야, 빨리 나아서 신나게 뛰어 놀자!"

1회 음원을 들으면서 눈으로 읽어요.
2회 음원을 들으며 동시에 소리 내서 읽어요.
3회 음원 없이 혼자서 빠르고 정확하게, 느낌을 살려 읽어요.

1회	2회	3회
☺	😊	😛

강아지 초코가 기운이 없었던 이유는 무엇인가요?

① 졸려서

② 외로워서

③ 감기에 걸려서

④ 배탈이 나서

아래의 문장을 실감 나게 읽어 보세요.

당황하고 걱정스러운 듯이

"엄마! 초코가 이상해요."

아래에서 마음에 드는 단어를 고른 후, 단어가 포함된 문장을 만들어 보세요.

의사　　주사　　배탈

칭찬　　살랑살랑

예) 우리 집 강아지는 칭찬을 해 주면 꼬리를 살랑살랑 흔든다.

산 정상에 올라 보니 `91어절`

날씨: 하늘에 파란색 물감 100방울

아침 일찍 할머니, 할아버지를 따라 산에 갔다. 우리 할머니, 할아버지는 주말마다 등산을 하신다. 이번 주는 특별히 나와 동생을 데리고 함께 가기로 약속하셨기 때문에 며칠 전부터 마음이 부풀었다. 우리는 웃긴 춤을 추며 신나게 할머니, 할아버지를 따라나섰다.

산에 오르는 길에는 나무 냄새가 솔솔 나서 상쾌했다. 동생은 콧구멍을 크게 만들어 좋은 공기를 더 들이마셨다. 다리가 아팠지만, 짹짹 지저귀는 새소리를 들으며 열심히 걸었다.

정상에 도착한 순간 시원한 바람이 불어왔다. 이마에 송골송골 맺힌 땀방울이 금세 사라졌다. 정상에서 우리 동네를 향해 '야호!' 하고 소리쳤다. 속이 뻥 뚫리는 기분이었다. 할머니, 할아버지가 주말마다 등산하는 이유를 조금은 알 것 같다.

1회 음원을 들으면서 눈으로 읽어요.
2회 음원을 들으며 동시에 소리 내서 읽어요.
3회 음원 없이 혼자서 빠르고 정확하게, 느낌을 살려 읽어요.

1회	2회	3회
☺	☺	☺

산 정상에서 무엇을 했나요?

① 도시락을 먹었다.

② '야호!' 하고 소리쳤다.

③ 다리에 힘이 풀려 주저앉았다.

④ 신나게 춤을 췄다.

아래 문장에서 띄어 읽어야 하는 부분에 ∨로 표시하고, 문장이 끝나는 부분
에서 손뼉을 치면서 읽어 보세요.

다리가 아팠지만, 짹짹 지저귀는 새소리를 들으며
열심히 걸었다.

아래에서 마음에 드는 단어를 고른 후, 단어가 포함된 문장을 만들어 보세요.

예) 등산 대장 할머니를 따라 산에 오르니 풀 냄새가 좋았다.

롤러코스터를 타고 슝! `94어절`

날씨: 솜사탕처럼 달콤한 날씨

온 가족이 함께 놀이공원에 다녀왔다. 나는 일주일 전부터 마음이 부풀어 잠을 설칠 정도였다. 놀이공원 입구에 들어서자 화려한 풍선과 신나는 노래가 우리를 반겨 주었다. 동화 속으로 들어온 기분이었다.

나는 롤러코스터를 향해 달려갔다. 엄마, 아빠는 롤러코스터를 타고 싶지 않다며, 가위바위보를 해서 진 사람만 타겠다고 했다. 엄마가 졌다. 엄마는 울상이 되었고, 아빠는 환호했다.

엄마와 함께 롤러코스터를 타기 위해 줄을 섰다. 우리 차례가 되어 안전벨트를 매자 가슴이 쿵쿵 뛰었다. 출발과 동시에 바람이 휘잉 불어왔고, 엄마와 나는 "꺄아!" 하고 소리쳤다. 롤러코스터가 멈추자 엄마와 나는 서로를 바라보며 웃음을 터뜨렸다.

회전목마도 타고 범퍼카도 탔다. 마지막으로 솜사탕을 사 먹었다. 정말 꿈같은 날이었다.

1회 음원을 들으면서 눈으로 읽어요.
2회 음원을 들으며 동시에 소리 내서 읽어요.
3회 음원 없이 혼자서 빠르고 정확하게, 느낌을 살려 읽어요.

1회	2회	3회
☺	☺	☺

롤러코스터를 누구와 함께 탔나요?

① 엄마

② 아빠

③ 친구

④ 동생

아래의 문장을 실감 나게 읽어 보세요.

긴장한 듯이

우리 차례가 되어 안전벨트를 매자 가슴이 쿵쿵 뛰었다.

아래에서 마음에 드는 단어를 고른 후, 단어가 포함된 문장을 만들어 보세요.

놀이공원

풍선

노래

솜사탕

롤러코스터

예) 솜사탕처럼 달콤한 노래가 놀이공원에 울려 퍼져요.

14일차

달려라! 도서관으로 100어절

　　　　　　　　　　　날씨: 회색 구름이 가득

　언니와 함께 집 근처에 있는 도서관에 다녀왔다. 10분 정도 걸어가면 도서관이 나오는데, 우리는 집에서 출발한 지 5분 만에 도서관에 도착했다. 빨리 책을 읽고 싶어서 달려갔기 때문이다.

　언니와 나는 어린이책이 모여 있는 '어린이 자람터'로 갔다. 책꽂이에 새로 들어온 책이 가득 꽂혀 있었다. 자세히 살펴보니, 내가 기다렸던 동화책 두 권도 꽂혀 있었다. 얼른 그 책을 뽑아 들고 의자에 앉았다. 두근두근 설레는 마음으로 책을 읽기 시작했다. 언니는 과학책을 가져와서 내 옆에 앉았다. 우리는 한참 동안 책에 푹 빠져서 시간이 가는 줄도 모르고 책을 읽었다.

　고개를 들어 시계를 보니 두 시간이나 지나 있었다. 다음 주에는 더 빨리 달려와서 더 오랫동안 도서관에서 책을 읽고 싶다.

1회 음원을 들으면서 눈으로 읽어요.
2회 음원을 들으며 동시에 소리 내서 읽어요.
3회 음원 없이 혼자서 빠르고 정확하게, 느낌을 살려 읽어요.

1회	2회	3회
☺	☺	☺

언니가 고른 책은 어떤 책인가요?

① 만화책

② 동화책

③ 역사책

④ 과학책

아래 문장에서 띄어 읽어야 하는 부분에 ∨로 표시하고, 문장이 끝나는 부분
에서 손뼉을 치면서 읽어 보세요.

자세히 살펴보니, 내가 기다렸던 동화책 두 권도 꽂혀 있었다. 

아래에서 마음에 드는 단어를 고른 후, 단어가 포함된 문장을 만들어 보세요.

예) 동화책을 펴자마자 언니는 푹 잠들어 버렸다.

안녕? 귀여운 눈사람 100어절

날씨: 하얀 눈이 펑펑

"와, 눈이다!"

동생의 큰 목소리에 잠에서 깼다. 잠이 덜 깬 눈으로 창밖을 보니, 세상이 온통 하얀 눈으로 뒤덮여 있었다. 눈이 오기를 얼마나 기다렸던가! 동생과 나는 서둘러 두꺼운 옷을 입고, 장갑을 챙겨서 밖으로 나갔다.

뽀드득뽀드득 눈을 밟을 때 들리는 소리가 좋아서 계속 걸었다. 하얀 눈 위에 내 발자국이 가득했다. 동생과 나는 힘을 합해 눈사람을 만들었다. 그림책에 나오는 눈사람처럼 당근으로 코를 만들고 싶었다. 엄마한테 이야기했더니, 당근을 선뜻 내주셨다. 역시 우리 엄마 최고!

동생과 나는 당근을 눈사람 얼굴에 꽂고, 동그란 돌멩이를 구해 눈사람의 눈도 만들어 줬다. 짜잔! 드디어 귀여운 눈사람이 완성됐다. 우리는 눈사람 옆에서 활짝 웃으며 사진을 찍었다. 눈사람이 영원히 녹지 않으면 좋겠다.

1회 음원을 들으면서 눈으로 읽어요.
2회 음원을 들으며 동시에 소리 내서 읽어요.
3회 음원 없이 혼자서 빠르고 정확하게, 느낌을 살려 읽어요.

1회	2회	3회
☺	☺	☺

글쓴이는 눈사람의 코를 무엇으로 만들었나요?

① 나뭇가지
② 돌멩이
③ 당근
④ 나뭇잎

아래의 문장을 실감 나게 읽어 보세요.

감격스러운 듯이

눈이 오기를 얼마나 기다렸던가!

아래에서 마음에 드는 단어를 고른 후, 단어가 포함된 문장을 만들어 보세요.

눈사람   눈   당근   장갑   뽀드득뽀드득

예) **눈사람**이 배가 고파서 자기 코인 **당근**을 쏙 뽑아 먹었대요.

이렇게 하면 일기 쓰기가 술술!

망설이지 말고 솔직하게 써요

'이런 내용을 일기로 써도 될까?' 고민하지 말아요.
일기에는 나의 모든 생각과 마음을
솔직하게 표현해도 된답니다.

깔깔 웃음이 났던 순간은 물론
부끄러워서 누구에게도 말하지 못했던 일,
화가 나서 소리를 꽥 지르고 싶었던 순간,
나 스스로도 용서할 수 없었던 실수까지도요.

솔직하게 적은 일기에서는 팔딱팔딱 뛰는 심장 소리가 들려요.
내 진심이 담긴 아주 멋진 글이 완성되는 거지요.

망설이지 말고, 솔직하게 마음을 표현하는 용기를 내 보세요.
'잘 써야지' 하는 부담감을 내려놓고
내 마음을 있는 그대로 적다 보면
어느새 일기가 술술 써지는 마법이 일어날 거예요.

20 년 월 일 요일	날씨	

예

20○○년 ○월 ○일 수요일	날씨	내 마음은 비가 오다 말다 함

오늘 받아쓰기를 했다. 어제 엄마랑 다섯 번이나 연습했는데 '떡볶이'를 틀리고 말았다. '떡복이'라고 쓴 것이다. 점수를 확인하는 순간 너무 창피해서 눈물이 찔끔 났다.

그런데 옆자리 지혁이가 내 시험지를 보더니 "와, 떡복이도 맛있겠다!"라고 말하며 배를 문질렀다. 그 모습이 너무 웃겨서 속상한 마음이 사르르 녹아 사라졌다. 떡볶이는 정말 맛있는 만큼 쓰기도 어려운 글자인 것 같다!

오감을 떠올리며 생생하게 써요

'오늘 학교에 갔다. 재밌었다.'라고만 적기엔
너무 심심한 일기가 될 거예요.
그럴 땐 다섯 가지 감각, 오감을 활용해 보세요.

먼저, 오늘 기억에 남는 장면을 떠올려요.
파란 하늘에 떠 있는 솜사탕 같은 뭉게구름,
친구들의 왁자지껄한 웃음소리,
맛있는 된장찌개 냄새가 가득한 식탁….

그리고 오감을 하나씩 떠올려 보세요.
무엇을 보았는지,
무슨 소리가 들렸는지,
어떤 냄새가 났는지,
어떤 맛이 느껴졌는지,
어떤 촉감이 느껴졌는지….

그렇게 하다 보면, 신기하게도
그 순간의 감정과 기억이 선명하게 되살아나요.
이렇게 쓰는 일기는 마치 한 편의 이야기처럼
생생하게 살아 움직인답니다.

20　년　월　일　요일	날씨	

20○○년 ○월 ○일 금요일	날씨	딸기처럼 상큼

학교를 마치고 집에 돌아오니 부엌에서 달콤한 향기가 났다. 하얀 접시 위에 빨간 딸기가 산처럼 가득 쌓여 있었다. 딸기들이 꼭 나를 보고 웃어 주는 작은 하트 같았다.

얼른 손을 씻고 딸기를 먹었다. "아삭!" 하는 소리가 났다. 시원하고 달콤한 즙이 팡팡 터져 나왔다. 한 입 두 입 먹다 보니 어느새 접시가 텅 비었다. 오늘 하루는 딸기 향기처럼 오랫동안 달콤하게 기억될 것 같다!

앞으로 만나게 될 긍정 확언에는 나를 사랑하
는 마음과 반짝이는 미래가 가득 담겨 있어.
매일 아침 소리 내어 읽으며 이미 꿈을 이룬
주인공이 된 것처럼 실감 나게 상상해 보자.
나를 단단하게 만들어 줄 긍정 확언 챌린지에
도 도전해 봐!

2

정상 회화

나는 나를 믿습니다 `67어절`

서현이는 오랫동안 준비한 피아노 대회 무대에 올랐어요. 관객들이 가득 앉아 있는 것을 보자 '실수하면 어쩌지?'라는 걱정이 밀려왔지요. 손끝이 떨리고 가슴이 쿵쾅쿵쾅 뛰었어요. 서현이는 마음속으로 마법의 주문을 외웠어요.

'나는 나를 믿습니다.'

그 후 어깨를 펴고, 고개를 들었어요. 입꼬리는 올리고, 눈을 초롱초롱하게 떴지요. 서현이는 연습 때처럼 차분히 건반을 누르기 시작했어요. 처음에는 긴장했지만, 점점 즐겁게 연주할 수 있었지요. 연주가 끝나자, 박수가 터져 나왔어요. 서현이는 자신을 믿는 것이 얼마나 중요한지 깨달았답니다.

1회 음원을 들으면서 눈으로 읽어요.
2회 음원을 들으며 동시에 소리 내서 읽어요.
3회 음원 없이 혼자서 빠르고 정확하게, 느낌을 살려 읽어요.

1회	2회	3회
☺	☺	☺

서현이는 피아노 무대에 올라 관객들을 보았을 때 어떤 생각을 했나요?

① 1등 하고 싶어.

② 엄마는 어디 앉아 있지?

③ 드디어 내 실력을 보여줄 시간이 왔어.

④ 실수하면 어쩌지?

아래의 문장을 실감 나게 읽어 보세요.

떨리고 걱정스럽다는 듯이

관객들이 가득 앉아 있는 것을 보자

'실수하면 어쩌지?'라는 걱정이 밀려왔지요.

아래에서 마음에 드는 단어를 고른 후, 단어가 포함된 문장을 만들어 보세요.

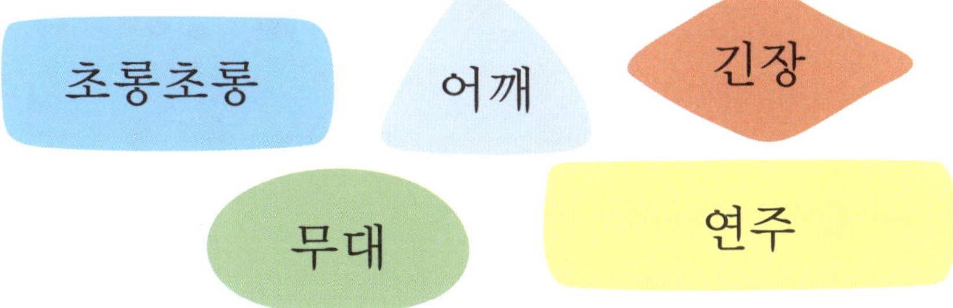

예) 무대 위 조명이 별처럼 초롱초롱 빛났다.

나는 새로운 것을 배우는 것을 좋아합니다 68어절

지후는 원어민 선생님과 처음으로 영어 수업을 했어요. 선생님은 지후가 쉽게 알아들을 수 있도록 천천히 영어로 말씀하셨어요. 지후는 첫 수업이라 긴장했지만, 용기 내어 선생님과 대화를 시작했어요. 영어 발음이 어색해서 웃음이 나오기도 했지만, 선생님이 칭찬해 주시자 긴장된 마음이 사르르 녹아 사라졌어요.

지후는 새로운 언어인 영어를 배우는 것이 즐거웠어요. 언젠가 미국에 놀러 가서 외국인 친구들과 즐겁게 대화할 상상을 하니 가슴이 두근거렸지요. 지후는 마음속으로 이렇게 중얼거렸답니다.

"나는 새로운 것을 배우는 것을 좋아합니다."

1회 음원을 들으면서 눈으로 읽어요.
2회 음원을 들으며 동시에 소리 내서 읽어요.
3회 음원 없이 혼자서 빠르고 정확하게, 느낌을 살려 읽어요.

1회	2회	3회
☺	😊	😆

지후는 영어를 배우며 어떤 상상을 했나요?

① 영어 말하기 대회에서 1등 하는 상상

② 영어로 된 책을 혼자 힘으로 읽는 상상

③ 미국에 놀러 가서 외국인 친구들과 즐겁게 대화하는 상상

④ 영어로 발표를 잘하는 상상

아래 문장에서 띄어 읽어야 하는 부분에 ∨로 표시하고, 문장이 끝나는 부분에서 손뼉을 치면서 읽어 보세요.

지후는 첫 수업이라 긴장했지만, 용기 내어 선생님과
대화를 시작했어요.

아래에서 마음에 드는 단어를 고른 후, 단어가 포함된 문장을 만들어 보세요.

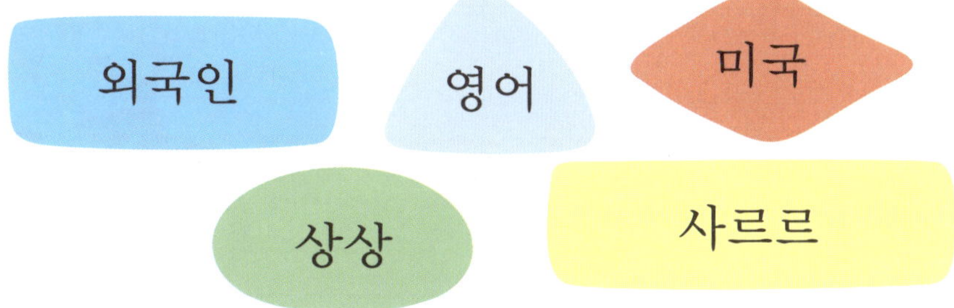

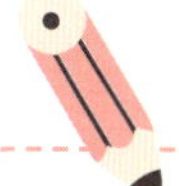

예) 상상 속 외국인 괴물이 영어로 말을 걸었다.

나는 어려운 일에도 일단 도전합니다 `69어절`

해린이는 두발자전거를 배우기로 결심했어요. 친구들이 두발자전거를 타는 모습이 재미있어 보였기 때문이에요.

처음에는 자전거 페달을 밟자마자 넘어졌어요. 몇 번이나 시도했지만 자꾸 넘어져서 무릎이 아팠지요. 포기하고 싶었지만, 아빠가 뒤에서 자전거를 잡아 주시며 "할 수 있어!"라고 응원해 주셨어요.

그때 해린이는 마음속으로 '나는 어려운 일에도 일단 도전합니다.'라는 문장을 떠올렸어요. 그리고는 결심을 한 뒤, 넘어지고 다시 일어나기를 여러 번 반복했지요. 어느 순간 비틀거리던 자전거가 중심을 잡고 앞으로 쭉 달리는 것이 느껴졌어요. 해린이는 환호성을 질렀답니다.

1회 음원을 들으면서 눈으로 읽어요.
2회 음원을 들으며 동시에 소리 내서 읽어요.
3회 음원 없이 혼자서 빠르고 정확하게, 느낌을 살려 읽어요.

1회	2회	3회
☺	☺	☺

아빠가 뒤에서 자전거를 잡아 주며 해린이에게 어떤 말을 했나요?

① 어려운 일에도 도전해 봐.

② 할 수 있어!

③ 잠깐 쉬었다 하자.

④ 다시 해 보자.

아래 문장에서 띄어 읽어야 하는 부분에 ∨로 표시하고, 문장이 끝나는 부분에서 손뼉을 치면서 읽어 보세요.

그리고는 결심을 한 뒤, 넘어지고 다시 일어나기를
여러 번 반복했지요.

아래에서 마음에 드는 단어를 고른 후, 단어가 포함된 문장을 만들어 보세요.

예) 사회자가 "도전!"이라고 외치자 환호성이 터졌다.

내 사인하기

나는 나를 자랑스럽게 생각합니다 730어절

하준이는 글자가 많은 책을 혼자서 끝까지 다 읽었어요. 처음에는 책장이 잘 넘어가지 않았지만, 이어질 이야기가 궁금해서 조금씩 읽다 보니 결국 마지막 장까지 다 읽게 되었지요. 마지막 장을 덮는 순간, 하준이는 스스로가 자랑스러웠어요.

떠올려 보니 자랑스러운 순간은 또 있었어요. 동생이 어려운 숙제를 물어보았을 때 차근차근 설명해 준 일, 체육 시간에 넘어져도 다시 일어나 끝까지 달린 일, 반 친구들 앞에서 자신 있게 발표한 일이 그랬지요. 하준이는 거울을 보며 큰 소리로 말했어요.

"나는 나를 자랑스럽게 생각합니다."

1회 음원을 들으면서 눈으로 읽어요.
2회 음원을 들으며 동시에 소리 내서 읽어요.
3회 음원 없이 혼자서 빠르고 정확하게, 느낌을 살려 읽어요.

1회	2회	3회
☺	☺	☺

하준이가 자랑스럽게 생각했던 순간이 아닌 것은 무엇인가요?

① 글자가 많은 책을 혼자서 끝까지 다 읽은 일

② 체육 시간에 넘어져도 다시 일어나 끝까지 달린 일

③ 반 친구들 앞에서 자신 있게 발표한 일

④ 친구를 완벽하게 속인 일

아래 문장에서 띄어 읽어야 하는 부분에 ∨로 표시하고, 문장이 끝나는 부분에서 손뼉을 치면서 읽어 보세요.

마지막 장을 덮는 순간, 하준이는 스스로가 자랑스러웠어요. 

아래에서 마음에 드는 단어를 고른 후, 단어가 포함된 문장을 만들어 보세요.

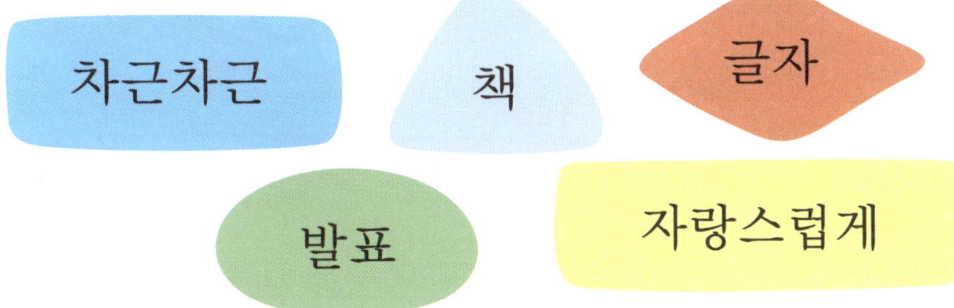

예) 차근차근 책의 내용을 발표하다가 재채기가 나왔어요.

월
일

내 사인하기

나는 스스로 노력하여 배웁니다 74어절

민준이는 수학 숙제를 하다가 어려운 문제가 나와서 막막한 기분이 들었어요. 엄마한테 설명해 달라고 부탁하고 빨리 답을 구하고 싶었지만, 엄마는 무척 바빠 보였어요. 그래서 오늘은 조금 어렵더라도 스스로 풀어 보기로 마음먹었지요.

그림을 그려서 풀어 보기도 하고, 계산도 여러 번 해 보았어요. 처음에는 답이 나오지 않아 답답했지만, 민준이는 포기하지 않았어요. 한참을 고민하다가 드디어 답을 알아낸 순간, 민준이의 얼굴에 환한 미소가 번졌지요.

민준이는 스스로 노력해서 배운다는 것이 얼마나 값진지 깨달았어요. 그래서 마음속으로 다짐했답니다.
"나는 스스로 노력하여 배웁니다."

1회 음원을 들으면서 눈으로 읽어요.
2회 음원을 들으며 동시에 소리 내서 읽어요.
3회 음원 없이 혼자서 빠르고 정확하게, 느낌을 살려 읽어요.

1회	2회	3회
☺	☺	☺

민준이는 어려운 수학 문제를 해결하기 위해 어떻게 했나요?

① 그림을 그려서 풀기도 하고, 계산도 여러 번 해 보았어요.

② 엄마한테 설명해 달라고 부탁드렸어요.

③ 학교에서 쉬는 시간에 선생님께 여쭤보았어요.

④ 수학을 잘하는 친구에게 물어보았어요.

아래의 문장을 실감 나게 읽어 보세요.

막막하다는 듯이

민준이는 수학 숙제를 하다가 어려운 문제가 나와서

막막한 기분이 들었어요.

아래에서 마음에 드는 단어를 고른 후, 단어가 포함된 문장을 만들어 보세요.

예) 수학 책 속 그림들이 스스로 걸어나오는 꿈을 꾸었다.

오늘도 좋은 일이 가득한 하루입니다 77어절

민아는 아침 일찍 일어나 창문을 열었어요. 시원한 바람이 불어와 상쾌한 기분이 들었지요. 학교 가는 길에는 길가에 핀 작은 꽃들을 발견하고 잠시 멈춰 서서 바라보았어요. 수업 시간에는 손을 번쩍 들고 발표했는데, 선생님께서 "잘했어!"라고 칭찬해 주셨어요. 쉬는 시간에는 친구와 함께 운동장에서 즐겁게 뛰어놀았고, 급식 시간에는 불고기가 나와서 밥을 맛있게 먹었답니다. 집에 돌아오니 반려견 탱이가 달려와 꼬리를 흔들며 반겨 주었어요.

민아는 오늘 하루 동안 웃을 일이 참 많았다는 생각이 들었어요. 민아는 일기장을 펼쳐 제목을 적었어요.

"오늘도 좋은 일이 가득한 하루입니다."

1회 음원을 들으면서 눈으로 읽어요.
2회 음원을 들으며 동시에 소리 내서 읽어요.
3회 음원 없이 혼자서 빠르고 정확하게, 느낌을 살려 읽어요.

1회	2회	3회
☺	☺	☺

민아는 쉬는 시간에 무엇을 했나요?

① 숙제를 했어요.

② 친구와 그림을 그렸어요.

③ 도서실에 가서 책을 빌려 왔어요.

④ 친구와 운동장에서 뛰어놀았어요.

아래의 문장을 실감 나게 읽어 보세요.

기분 좋다는 듯이

수업 시간에는 손을 번쩍 들고 발표했는데,

선생님께서 "잘했어!"라고 칭찬해 주셨어요.

아래에서 마음에 드는 단어를 고른 후, 단어가 포함된 문장을 만들어 보세요.

쉬는 시간　　반려견　　운동장

상쾌한　　급식 시간

예) 쉬는 시간에 상쾌한 바람을 맞으러 운동장으로 나갔어요.

나는 충분히 똑똑합니다  80어절

　민준이는 수학 시험의 결과를 보고 시무룩해졌어요. 기대만큼 좋은 점수가 나오지 않았기 때문이에요. '나는 똑똑하지 않은가 봐.'라는 생각에 어깨가 축 처졌지요. 어두운 얼굴로 책을 읽고 있는 민준이를 보고 선생님께서 다가와 말씀하셨어요.

　"선생님은 책을 열심히 읽는 민준이가 참 좋아. 책을 많이 읽어서 어려운 질문에도 척척 대답하잖아."

　선생님의 말씀을 들은 민준이는 마음이 따뜻해졌어요. 수학 점수가 기대만큼 나오지 않았다고 해서 자신을 똑똑하지 않다고 생각할 필요는 없다는 걸 깨달았어요. 집으로 돌아온 민준이는 거울을 바라보며 또박또박 말했어요.

　"나는 충분히 똑똑합니다."

　그 말을 하자, 마음이 한결 가벼워졌어요.

1회 음원을 들으면서 눈으로 읽어요.
2회 음원을 들으며 동시에 소리 내서 읽어요.
3회 음원 없이 혼자서 빠르고 정확하게, 느낌을 살려 읽어요.

1회	2회	3회
☺	☺	☺

선생님은 민준이의 어떤 점을 칭찬하셨나요?

① 책을 열심히 읽는 점

② 수학을 잘하는 점

③ 예의 바른 점

④ 운동을 잘하는 점

아래 문장에서 띄어 읽어야 하는 부분에 ∨로 표시하고, 문장이 끝나는 부분에서 손뼉을 치면서 읽어 보세요.

그 말을 하자, 마음이 한결 가벼워졌어요. 

아래에서 마음에 드는 단어를 고른 후, 단어가 포함된 문장을 만들어 보세요.

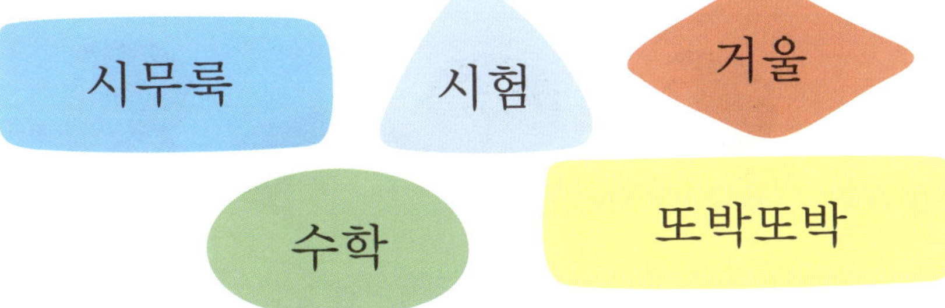

예) 거울이 시험 문제의 답을 또박또박 알려주면 좋겠다.

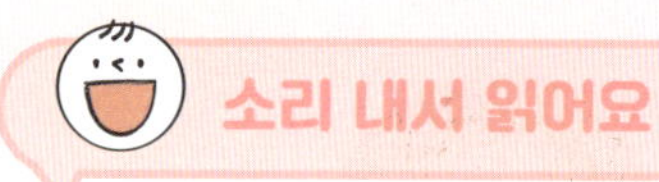

나는 친구들과 협동합니다 80어절

태희네 반에서는 모둠별로 '우리 마을 그리기' 활동을 했어요. 태희는 이렇게 생각했어요.

'내가 그림을 제일 잘 그려. 그러니까 내가 다 해야겠어.'

하지만 친구들의 실력을 보고 생각이 달라졌어요. 색을 예쁘게 고르는 친구, 그림을 섬세하게 그리는 친구, 글씨를 또박또박 적는 친구까지 각자 잘하는 게 있었으니까요.

태희는 친구들과 힘을 합쳐 그림을 완성했어요. 커다란 마을 그림이 완성되자, 모두 박수를 치며 뿌듯해했지요. 태희는 친구들과 협동할 때 가장 멋진 작품이 나온다는 것을 깨달았어요. 태희네 반 친구들은 다 함께 큰 소리로 칠판에 적힌 문장을 읽었답니다.

"나는 친구들과 협동합니다."

1회 음원을 들으면서 눈으로 읽어요.
2회 음원을 들으며 동시에 소리 내서 읽어요.
3회 음원 없이 혼자서 빠르고 정확하게, 느낌을 살려 읽어요.

1회	2회	3회
☺	☺	☺

태희네 반에서는 모둠별로 어떤 활동을 했나요?

① 친구의 모습 그리기
② 우리 마을 그리기
③ 우리 마을 사람들 인터뷰하기
④ 우리 학교 만들기

아래의 문장을 실감 나게 읽어 보세요.

자신감 넘치게

'내가 그림을 제일 잘 그려. 그러니까 내가 다 해야겠어.'

아래에서 마음에 드는 단어를 고른 후, 단어가 포함된 문장을 만들어 보세요.

예) 미술 **실력**을 키워서 **예쁘게** 그림을 그리고 싶어.

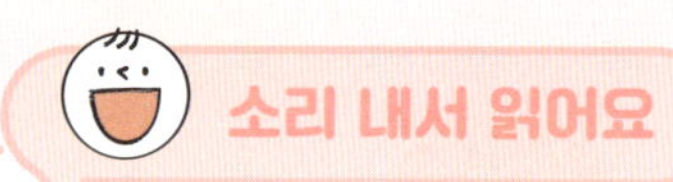

내 안에는 놀라운 능력이 자라고 있습니다 (81어절)

소율이는 일곱 살 때 '우유'라는 단어밖에 읽지 못했어요. 책을 펼쳐도 모르는 글자가 너무 많아 어렵게만 느껴졌지요. 읽고 싶은 책이 생겨도 글자를 모르니 답답했어요.

그래서 소율이는 매일 글자를 따라 읽는 연습을 하기로 했어요. 처음에는 더듬거리며 한 글자씩 읽었지만, 점점 읽을 수 있는 단어가 많아졌어요. 시간이 흐르면서 단어가 문장이 되고, 문장은 긴 글이 되었어요.

이제 소율이는 글자가 가득한 동화책을 혼자서 또박또박 소리 내어 읽을 수 있어요. 훌쩍 자란 자신의 모습이 마음에 든 소율이는 만족스러운 미소를 지으며 말했답니다.

"내 안에는 놀라운 능력이 자라고 있습니다."

1회 음원을 들으면서 눈으로 읽어요.
2회 음원을 들으며 동시에 소리 내서 읽어요.
3회 음원 없이 혼자서 빠르고 정확하게, 느낌을 살려 읽어요.

1회	2회	3회
☺	☺	☺

읽고 싶은 책이 생겨도 글자를 몰랐을 때, 소율이는 어떤 기분을 느꼈나요?

① 그리움

② 답답함

③ 신남

④ 슬픔

아래의 문장을 실감 나게 읽어 보세요.

속상하다는 듯이

읽고 싶은 책이 생겨도 글자를 모르니 답답했어요.

아래에서 마음에 드는 단어를 고른 후, 단어가 포함된 문장을 만들어 보세요.

예) 놀라운 마법의 우유를 마셨더니 키가 훌쩍 컸어요.

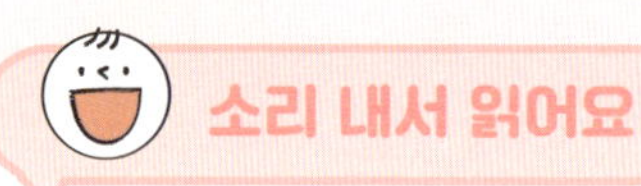

나는 보호받고 사랑받는 아이입니다 86어절

천둥소리가 크게 울리는 밤이었어요. 수연이는 무서워서 이불을 뒤집어쓴 채 귀를 막았어요. 하지만 여전히 천둥소리가 요란하게 들려왔지요. 그때 엄마가 방으로 들어오셔서 수연이의 손을 꼭 잡아 주셨어요.

"에구. 우리 수연이, 무서웠나 보구나? 괜찮아, 엄마가 옆에 있잖아."

수연이는 어느새 마음이 편안해졌어요. 문득 자신이 보호받고 사랑받는 아이라는 사실이 느껴졌지요. 혼자서는 아무것도 못하는 아기였던 수연이가 무럭무럭 자라 즐겁게 뛰어놀 수 있게 된 것은 주변 사람들의 보호와 사랑 덕분이에요. 포근한 집, 따뜻한 밥상, 매일 나누는 인사와 안아 주는 손길까지. 모두 수연이를 지켜 주는 보호막이었어요. 수연이는 눈을 감고 생각했어요.

'나는 보호받고 사랑받는 아이입니다.'

1회 음원을 들으면서 눈으로 읽어요.
2회 음원을 들으며 동시에 소리 내서 읽어요.
3회 음원 없이 혼자서 빠르고 정확하게, 느낌을 살려 읽어요.

1회	2회	3회
☺	☺	☺

수연이가 이불을 뒤집어쓴 채 귀를 막은 이유는 무엇인가요?

① 천둥소리가 무서워서

② 음악 소리가 시끄러워서

③ 무서운 꿈을 꿔서

④ 자동차 소음이 심해서

아래의 문장을 실감 나게 읽어 보세요.

다독이는 듯이

"에구. 우리 수연이, 무서웠나 보구나? 괜찮아, 엄마가 옆에 있잖아."

아래에서 마음에 드는 단어를 고른 후, 단어가 포함된 문장을 만들어 보세요.

예) 갑자기 요란하게 천둥소리가 들려와 포근한 엄마 품에 안겼다.

월   일   내 사인하기

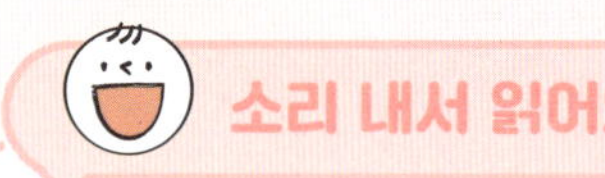

나는 실수해도 나를 응원해 줍니다 87어절

하람이는 교실 앞으로 나가 친구들 앞에서 발표를 하기 시작했어요. 그런데 긴장한 나머지 중요한 내용을 빠뜨리고 말았지요. 순간 머리가 하얘지고 얼굴이 빨개졌어요. '어떡하지? 실수했어.'라는 생각 때문에 아무 말도 나오지 않았어요. 그때, 선생님께서 따뜻한 눈으로 하람이를 바라보고 계신 것이 느껴졌어요. 하람이는 마음속으로 조용히 속삭였어요.

'괜찮아, 다시 하면 돼.'

그 생각을 하자 긴장이 가라앉고 용기가 났어요. 하람이는 놓친 부분을 다시 찾아 또박또박 이어서 발표했어요. 발표가 끝나자, 친구들이 박수를 쳐 주었어요. 하람이는 실수해도 포기하지 않고 끝까지 해낸 자신이 대견했어요. 집으로 돌아온 하람이는 거울을 보고 이렇게 말했답니다.

"나는 실수해도 나를 응원해 줍니다."

1회 음원을 들으면서 눈으로 읽어요.
2회 음원을 들으며 동시에 소리 내서 읽어요.
3회 음원 없이 혼자서 빠르고 정확하게, 느낌을 살려 읽어요.

1회	2회	3회
☺	😄	😝

하람이가 발표를 하다가 얼굴이 빨개진 이유는 무엇인가요?

① 친구들이 놀렸기 때문에

② 화장실에 가고 싶었기 때문에

③ 중요한 내용을 빠뜨렸기 때문에

④ 잘못된 내용을 말했기 때문에

아래 문장에서 띄어 읽어야 하는 부분에 V로 표시하고, 문장이 끝나는 부분에서 손뼉을 치면서 읽어 보세요.

발표가 끝나자, 친구들이 박수를 쳐 주었어요. 

아래에서 마음에 드는 단어를 고른 후, 단어가 포함된 문장을 만들어 보세요.

예) **따뜻한** 욕조에 들어가니 **긴장**이 다 풀렸다.

나에게는 꿈을 이룰 수 있는 힘이 있습니다 (88어절)

배구를 좋아하는 어린 소녀가 있었어요. 그 소녀에게 사람들은 이렇게 말하곤 했지요.

"그 정도 키로는 경기에서 공격수 역할을 맡기 힘들어."

하지만 소녀는 그 말에 흔들리지 않았어요. 오히려 더 열심히 연습하며 마음속으로 생각했어요.

'왜 안 돼? 하면 되지!'

시간이 흐르면서 소녀의 키는 훌쩍 자랐고, 수비수였던 역할도 공격수로 바뀌었어요. 누구보다 열심히 연습한 덕분에 수비와 공격 실력을 모두 갖춘 훌륭한 배구 선수가 되었지요.

이 이야기의 주인공은 바로 김연경 선수예요. 뛰어난 실력으로 전 세계 사람들에게 사랑을 받고 있답니다. 여러분도 김연경 선수를 떠올리며 큰 소리로 말해 보세요.

"나에게는 꿈을 이룰 수 있는 힘이 있습니다."

1회 음원을 들으면서 눈으로 읽어요.
2회 음원을 들으며 동시에 소리 내서 읽어요.
3회 음원 없이 혼자서 빠르고 정확하게, 느낌을 살려 읽어요.

1회	2회	3회
☺	☺	☺

배구를 좋아하는 어린 소녀에게 사람들은 어떤 말을 했나요?

① 농구를 해 보는 게 어때?

② 그 정도 키로는 공격수 역할을 맡기 힘들어.

③ 그 정도 키로는 충분히 공격수 역할을 할 수 있어.

④ 나는 배구를 싫어해.

아래 문장에서 띄어 읽어야 하는 부분에 V로 표시하고, 문장이 끝나는 부분에서 손뼉을 치면서 읽어 보세요.

시간이 흐르면서 소녀의 키는 훌쩍 자랐고,
수비수였던 역할도 공격수로 바뀌었어요.

아래에서 마음에 드는 단어를 고른 후, 단어가 포함된 문장을 만들어 보세요.

예) 키 작은 **소녀**가 휘파람을 불고 있다.

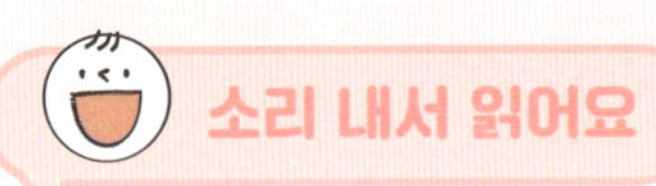

나는 사람들에게 도움이 되는 멋진 아이입니다 90어절

현우는 학원에 늦어서 허둥지둥 뛰어가고 있었어요. 그때 놀이터에서 넘어져 울고 있는 이웃집 동생의 모습이 보였지요. 학원에 늦었지만, 울고 있는 동생을 못 본 체할 수 없었어요. 얼른 다가가 동생을 일으켜 주고 무릎의 흙을 탁탁 털어 주었어요. 동생은 고맙다고 말하며 눈물을 그쳤어요. 현우는 동생의 그런 모습을 보자, 뿌듯한 마음이 들었어요.

예전에는 도움이 필요한 사람에게 손을 내미는 것이 그저 힘든 일이라고만 생각했어요. 하지만 지금은 달라요. 누군가를 도와준다는 것은 나의 몸과 마음이 그만큼 자랐다는 증거였지요. 현우는 멋지게 자라서 동생을 도와줄 수 있게 된 것이 자랑스러웠어요. 그래서 마음속으로 생각했답니다.

"나는 사람들에게 도움이 되는 멋진 아이입니다."

1회 음원을 들으면서 눈으로 읽어요.
2회 음원을 들으며 동시에 소리 내서 읽어요.
3회 음원 없이 혼자서 빠르고 정확하게, 느낌을 살려 읽어요.

1회	2회	3회
☺	☺	☺

현우는 놀이터에서 넘어진 동생을 만났을 때, 어떻게 행동했나요?

① 동생에게 다가가 울지 말라고 말했어요.

② 학원에 늦어서 그냥 지나칠 수밖에 없었어요.

③ 일으켜 주고, 무릎의 흙을 털어 주었어요.

④ 동생을 엄마에게 데려다 주었어요.

아래 문장에서 띄어 읽어야 하는 부분에 ∨로 표시하고, 문장이 끝나는 부분에서 손뼉을 치면서 읽어 보세요.

학원에 늦었지만, 울고 있는 동생을 못 본 체할 수 없었어요. 

아래에서 마음에 드는 단어를 고른 후, 단어가 포함된 문장을 만들어 보세요.

(예) 무릎에 흙이 잔뜩 묻었지만 토마토를 심고 나니 정말 뿌듯한 기분이었다.

나는 친구들을 좋아하고, 친구들도 나를 좋아합니다

100어절

지호는 어제 도훈이와 다퉜어요.

"도훈아, 점심시간에 술래잡기 하자."

"싫어. 술래잡기는 재미없어. 축구 하자."

"축구를 왜 해? 축구가 더 재미없어."

서로 하고 싶은 것이 달라서 의견을 맞추다가 결국 다투고 말았지요. 하지만 지호는 오늘 아침에 도훈이를 만나자, 어제의 일은 잊은 듯 서로 재미있는 농담을 주고받으며 깔깔 웃었어요.

서로 의견이 달라서 다툴 때도 있지만, 도훈이는 지호에게 최고의 친구예요. 지호가 넘어졌을 때 제일 먼저 달려와 도와주고, 맛있는 과자가 생기면 언제나 반으로 쪼개어 지호에게 나누어 주는 친구지요. 지호는 도훈이와 가끔 다투기도 하지만, 마음속 깊은 곳에서는 서로를 아끼고 있다는 것을 잘 알고 있어요.

지호는 선생님께서 칠판에 적어 주신 문장이 떠올랐어요.

"나는 친구들을 좋아하고, 친구들도 나를 좋아합니다."

1회 음원을 들으면서 눈으로 읽어요.
2회 음원을 들으며 동시에 소리 내서 읽어요.
3회 음원 없이 혼자서 빠르고 정확하게, 느낌을 살려 읽어요.

1회	2회	3회
☺	☺	☺

지호와 도훈이가 점심시간에 각각 하고 싶었던 것은 무엇인가요?

① 술래잡기, 축구

② 술래잡기, 그림 그리기

③ 책 읽기, 그림 그리기

④ 책 읽기, 달리기

아래의 문장을 실감 나게 읽어 보세요.

짜증 난 듯이

"축구를 왜 해? 축구가 더 재미없어."

아래에서 마음에 드는 단어를 고른 후, 단어가 포함된 문장을 만들어 보세요.

예) 과자 봉지가 팡 터지는 소리에 깔깔 웃었다.

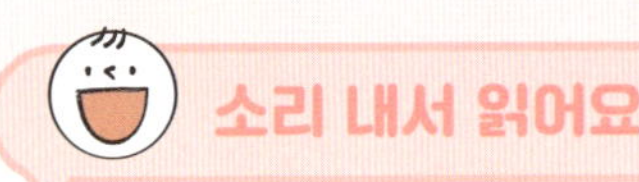

나는 해야 할 일을 미루지 않습니다 100어절

가현이는 학교를 마치고 집으로 돌아왔어요. 집에 도착하자마자 간식을 먹으며 만화책을 볼 계획이었지요. 하지만 선생님께서 하신 말씀이 떠올라 고민에 빠졌어요.

'집에 도착하면 꼭 숙제 먼저 하세요. 해야 할 일을 미루면 안 돼요.'

가현이는 '조금 놀고 나서 해도 되잖아.'라는 생각이 들었지만, 곧 고개를 저었어요. '숙제를 먼저 끝내야 마음이 편하지.'라고 스스로에게 말했지요. 가현이는 책상에 앉아 차분하게 숙제를 시작했어요. 다 끝내고 나니 마음이 상쾌해지고, 놀 때도 훨씬 즐거웠어요. 가현이는 한 가지 중요한 사실을 깨달았어요. 해야 할 일을 먼저 하면, 남은 하루가 훨씬 가볍고 행복해진다는 것을요. 다음 날, 가현이네 교실에서는 아이들이 밝은 얼굴로 칠판에 적힌 문장을 읽는 소리가 들려왔어요.

"나는 해야 할 일을 미루지 않습니다."

1회 음원을 들으면서 눈으로 읽어요.
2회 음원을 들으며 동시에 소리 내서 읽어요.
3회 음원 없이 혼자서 빠르고 정확하게, 느낌을 살려 읽어요.

1회	2회	3회
☺	☺	☺

'집에 도착하면 꼭 숙제 먼저 하세요.'라고 이야기한 사람은 누구인가요?

① 엄마

② 아빠

③ 선생님

④ 할머니

아래의 문장을 실감 나게 읽어 보세요.

차분하고 단호하게

'집에 도착하면 꼭 숙제 먼저 하세요. 해야 할 일을 미루면 안 돼요.'

아래에서 마음에 드는 단어를 고른 후, 단어가 포함된 문장을 만들어 보세요.

만화책　간식　밝은　중요한　차분하게

예) 밝은 곳에서 공부하는 습관은 눈 건강에 중요한 일이다.

나를 단단하게 만드는
긍정 확언 챌린지

1. 나는 나를 믿습니다.

미션 조용히 눈을 감고, 내가 나를 믿을 수 있는 이유를 떠올려 보세요. 그리고 아래에 써 보세요.

> **예)** 그냥! 나니까! / 나는 충분히 멋지니까!

2. 나는 새로운 것을 배우는 것을 좋아합니다.

미션 내가 새롭게 배우고 싶은 것은 무엇인가요? 떠올려서 아래에 써 보세요.

3. 나는 어려운 일에도 일단 도전합니다.

미션 '해 볼까, 말까?' 망설였던 일을 아래에 써 보세요. 그리고 오늘 시작해 보세요!

4. 나는 나를 자랑스럽게 생각합니다.

미션 내가 자랑스러웠던 순간을 아래에 써 보세요. 그리고 거울을 보고 활짝 웃으면서 나에게 말해 주세요. "이 때, 정말 멋졌어!"

5. 나는 스스로 노력하여 배웁니다.

미션 도움 없이 스스로 무언가 해낸 경험이 있나요? 떠올려서 아래에 써 보세요.

6. 오늘도 좋은 일이 가득한 하루입니다.

미션 오늘 하루 좋은 일이 몇 가지나 있었나요? 오늘 있었던 좋은 일을 떠올려서 아래에 써 보세요.

7. 나는 충분히 똑똑합니다.

미션 내가 똑똑하다고 느낀 순간을 아래에 써 보세요. 그리고 엄마, 아빠에게 다가가 내가 쓴 내용을
소리 내어 읽어 드리세요.

8. 나는 친구들과 협동합니다.

미션 친구들과 협동했던 순간을 아래에 써 보세요. 그리고 그 때 어떤 기분이었는지 떠올려 보세요.

9. 내 안에는 놀라운 능력이 자라고 있습니다.

미션 1년 전에는 못했지만 지금은 할 수 있게 된 일이 무엇인가요? 떠올려서 아래에 써 보세요.

10. 나는 보호받고 사랑받는 아이입니다.

미션 내가 보호받는다고 느꼈던 순간, 사랑받는다고 느꼈던 순간을 떠올려서 아래에 써 보세요.

11. 나는 실수해도 나를 응원해 줍니다.

미션 나를 응원해 줄 수 있는 문장을 만들어서 아래에 써 보세요.

12. 나에게는 꿈을 이룰 수 있는 힘이 있습니다.

미션 가고 싶은 곳, 갖고 싶은 것, 만나고 싶은 사람… 나의 꿈을 떠올려서 아래에 써 보세요.

13. 나는 사람들에게 도움이 되는 멋진 아이입니다.

미션 도움이 필요한 친구나 가족에게 내가 건넬 수 있는 도움은 어떤 것이 있을까요? 떠올려서 아래에 써 보세요.

14. 나는 친구들을 좋아하고, 친구들도 나를 좋아합니다.

미션 내가 좋아하는 친구 다섯 명을 떠올려서 아래에 이름을 써 보세요. 그리고 그 친구들의 어떤 점이 좋은지 생각해 보세요.

15. 나는 해야 할 일을 미루지 않습니다.

미션 해야 할 일 중에 미루고 있는 것이 있나요? 떠올려서 아래에 써 보세요. 그리고 배에 힘을 주고 위 문장을 큰 소리로 다섯 번 외친 후 미룬 일을 시작해 보세요!

나만의 긍정 확언을 다섯 개 만들어 봐요.
아래에 쓴 후, 크게 소리 내어 읽어 보세요.

1.

2.

3.

4.

5.

헐레벌떡 점심 시간 100어절

날씨: 햇살이 환하게 비춘 날

며칠 동안 비가 내렸는데, 오늘은 햇살이 환하게 비추었다. 친구들과 오랜만에 뛰어놀 생각에 급식을 빨리 먹고 운동장으로 달려갔다. '얼음, 땡' 놀이를 하느라 숨이 차도록 달렸는데도 웃음이 멈추지 않았다. 이마에 땀이 송골송골 맺혔다. 한참 신나게 뛰어 놀고 있는데, 5교시 시작을 알리는 종소리가 들렸다.

"교실에 늦게 들어가면 안 되는데, 큰일 났다!"

우리는 깜짝 놀라 교실까지 헐레벌떡 뛰어 올라갔다. 우리 교실이 5층에 있다는 사실이 원망스러웠다. 숨이 턱끝까지 차오른 채로 교실 문을 열었다. 선생님께서는 늦게 들어온 우리 다섯 명의 얼굴을 보고 갑자기 웃음을 터뜨리셨다. 친구들과 내 얼굴이 모두 새빨갛게 변해 있고, 콧구멍이 크게 벌렁거리고 있었기 때문이었다. 우리는 머리를 긁적이며 죄송하다고 말씀드렸다. 다음에는 늦지 않겠다고 마음속으로 다짐했다.

(읽으려고 시도한 어절 수 [ ]개) – (잘못 읽은 어절 수 [ ]개)

= 총 [ ]개

미워할 수 없는 내 동생 100어절

날씨: 회색 하늘에 미세먼지가 둥둥

아침에 눈을 떠 보니 동생이 내가 만든 블록 장난감을 가지고 놀고 있었다.

"왜 허락도 없이 내 장난감을 가지고 놀아? 너 때문에 한쪽이 부서졌잖아."

열심히 만든 장난감인데, 부서진 모습을 보니 너무 화가 났다. 동생은 내 목소리에 깜짝 놀라 울음을 터뜨렸다.

"네가 잘못해 놓고, 왜 울어?"

화가 나서 동생에게 따졌더니, 동생은 더 크게 울었다. 답답해서 더 이상 아무 말도 할 수 없었다.

"휴, 다음부터는 꼭 허락받고 써."

차분하게 말하자, 동생은 고개를 끄덕이며 미안하다고 했다. 우리는 나란히 앉아 부서진 블록을 맞추기 시작했다. 딱 맞게 끼워질 때마다 마음도 조금씩 풀렸다. 동생이 나를 쳐다보며 웃었다. 나도 웃음이 났다. 내 동생은 정말 미워할 수 없는 아이다.

(읽으려고 시도한 어절 수 [____] 개) – (잘못 읽은 어절 수 [____] 개)

= 총 [____] 개

정답

1 읽기

1일차	13쪽	③
2일차	15쪽	④
3일차	17쪽	②
4일차	19쪽	③
5일차	21쪽	①
6일차	23쪽	①
7일차	25쪽	③
8일차	27쪽	②
9일차	29쪽	③
10일차	31쪽	④
11일차	33쪽	④
12일차	35쪽	②
13일차	37쪽	①
14일차	39쪽	④
15일차	41쪽	③

2 긍정 확언

16일차	49쪽	④
17일차	51쪽	③
18일차	53쪽	②
19일차	55쪽	④
20일차	57쪽	①
21일차	59쪽	④
22일차	61쪽	①
23일차	63쪽	②
24일차	65쪽	②
25일차	67쪽	①
26일차	69쪽	③
27일차	71쪽	②
28일차	73쪽	③
29일차	75쪽	①
30일차	77쪽	③